D1134300

KLUITMAN

Handboek voor

RIDDERS

Geschreven door de weledele
Heer Archibald Zoefzwaard
(ook bekend als Sam Taplin)

Vormgegeven door de heldhaftige
Baron Parsival Hoogdraver van Noorderland
(ook bekend als Stephen Wright)

Geïllustreerd door de sierlijke Tekenaar
uit het Land der Tegenvoeters
Heer Basil Maneschijn
(ook bekend als Ian Mcnee)

Word razendsnel een goede ridder

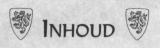

INHOUD

BIJ KONINKLIJKE BESCHIKKING
HOFLEVERANCIER

Omslagontwerp: Neil Francis/Design Team Kluitman
Nederlandse vertaling: Almar Berends

Nur 210/LP090601
© Nederlandse editie: Uitgeverij Kluitman Alkmaar B.V.
© MMV Usborne Publishing Ltd., Usborne House,
83-85 Saffron Hill, London EC1N 8RT, England
© Tekst: Sam Taplin
© Illustraties: Ian McNee
Editor: Lesley Sims; Consultant: Dr. Craig Taylor;
Additional design: Matt Durber
Oorspronkelijke titel: The Usborne Official Knight's
Handbook.

www.kluitman.nl

NEDERLANDSE
KINDERJURY
2007

Hoofdstuk een

Dus jij wilt ridder worden?

Kijk eens goed in de spiegel... Zou jij een jonkvrouw uit een torenkamer kunnen bevrijden? Of een strijder van zijn galopperende paard af kunnen stoten? Als je een echte ridder wilt zijn, dan hoop ik voor jou dat je die vragen met een luid 'ja' hebt beantwoord.

Want ridders zijn de allergrootste strijders uit de middeleeuwse wereld, dus het ridderschap is niet iets voor lafaards en zwakkelingen. Als je de riddertop hebt bereikt, kun je eeuwige roem, voorspoed en prachtige liederen over jezelf verwachten. Het is alleen bepaald niet gemakkelijk om die top te halen.

WAAROM ZOU JE EIGENLIJK EEN RIDDER WILLEN ZIJN?

Telkens wanneer een ridder de strijd aangaat, weet hij dat hij misschien zal sterven. Waarom zou je dan voor zo'n gevaarlijke carrière kiezen?
Omdat iedereen dan van je houdt; dat is een van de belangrijkste redenen.

Een ridder in volle wapenuitrusting is dé man! Als hij door een drukke straat rijdt, zijn alle ogen op hem gericht. Mannen applaudisseren, vrouwen zwijmelen. Een succesvolle ridder is de ster van de show, en daarom wil iedereen er stervensgraag een zijn.

Zo, dat was goed zeg!

Ridders hebben nog een andere inspiratiebron: ze willen indruk maken op God. Met moedig strijden laten ze aan hem zien dat ze goede christenen zijn, en ze gaan er dan ook van uit dat er voor hen in de hemel een speciaal plekje is gereserveerd.

Om succes als ridder te hebben, moet je heel vastberaden zijn. Maar dat is niet genoeg. Op je boodschappenlijstje staan nog andere dingen, zoals:

- Een harnas om je lichaam van top tot teen te beschermen.*

Een spleet in de helm om te kunnen zien

- Een megagroot zwaard om je vijand in mootjes te kunnen hakken.

- Drie paarden: één om op te vechten, één om mee te reizen en één om al jouw ridderspullen te dragen.

Strijdros   Rijpaard   Lastdier

* Dit harnas is 15e eeuws. Als je je niet het nieuwste van het nieuwste kunt veroorloven, kun je iets anders dragen (zie blz. 29).

Natuurlijk is dit allemaal niet bepaald goedkoop. Je bepantsering kost al meer dan sommige mensen in tien jaar verdienen. Je snuivende, gevechtsklare strijdros zal zelfs nog meer gaan kosten.

En dan hebben we het nog niet eens gehad over het kopen van een kasteel om in te wonen. Het is wat dat betreft erg prettig als je rijke ouders hebt (maar je zou natuurlijk ook een rijke landheer kunnen gaan dienen). Als je echt succesvol bent, kun je in de toekomst misschien een landgoed bezitten zoals hieronder.

Mijn knusse huisje

Mijn kerk

Mijn watermolen, voor het malen van graan

Mijn onder-danen bewerken de akkers

Mijn riddervrienden op hertenjacht

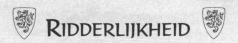

RIDDERLIJKHEID

Je gedrag is minstens zo belangrijk als datgene wat je bezit. Ridders moeten zich namelijk houden aan een aantal ongelooflijk strenge regels, die bekend staan als 'ridderlijkheid'.

Het idee van de ridderlijkheid kwam pas echt in de mode in de 12e eeuw. Toen riep een groep edelen in Frankrijk een gedragscode in het leven voor strijders te paard. Deze gedragscode bestaat uit de volgende delen:

1. HELDHAFTIGHEID

Als je een ridder wilt zijn – een echte 'ridderlijke' – dan moet je heldhaftig zijn, op het roekeloze af. In feite moet je, volgens sommige mensen, behoorlijk gestoord zijn.

2. EER

Het is niet voldoende om tegen alle verhoudingen in je leven te riskeren; terwijl je dit doet, moet je ook nog eens extreem eerlijk en beleefd zijn. Als je wilt dat je mederidders respect voor je hebben, dan moet je je te allen tijde met gevoel voor eer gedragen. Dat is wat het verschil maakt tussen ridders en andere strijders, die vaak gemeen zijn en valsspelen.
Een paar regels om te onthouden:

NOOIT...

...vluchten voor de vijand.

...een ongewapende tegenstander aanvallen, of iemand van achteren bespringen.

...een vriend in de steek laten.

Ik bedacht me net dat ik mijn paard nog eten moet geven...
De mazzel!

ALTIJD...

...het leven van een vijandelijke ridder sparen als hij zich overgeeft. (Dit is niet alleen goed voor je ridderlijke reputatie, maar ook voor je portemonnee: zijn landheer kan hem dan voor een belachelijk hoog bedrag terugkopen.)

...onschuldige mensen verdedigen die dat niet zelf kunnen.

...iedereen met respect behandelen (zelfs de persoon wiens hoofd je tot moes probeert te slaan).

Beste kerel, hoe maakt je moeder het? Alles goed?

Ze maakt het zeer goed, meneer... En leuk dat u dat vraagt.

...je woord houden.

...je zelfbeheersing laten zien.

...belangrijke tegenstanders goed behandelen als je ze gevangen genomen hebt.

En alsof dat al niet genoeg is, zwermen er ook voortdurend geestelijken om je heen die jou wel even zullen vertellen wat je wel en niet moet doen. Geestelijken hebben allerlei andersoortige regels, die ridders over het algemeen met een flinke korrel zout nemen.

En... denk je nog steeds dat je het aankunt?

Beantwoord de volgende vragen en ontdek of jij uit ridderhout gesneden bent.

1. Stel, jouw leger staat op het punt om deel te nemen aan een belangrijke veldslag. Jij wilt helpen, maar helaas, je bent blind. Wat doe je?

a) Je blijft achteraan staan en schreeuwt zo luid als je kunt: 'KOM OP, MANNEN!'

b) Je leent een handboog en schiet willekeurig pijlen in de richting van de vijand.

c) Je pakt een zwaard, bindt je eigen paard tussen de paarden van twee andere ridders en werpt jezelf doodleuk in de strijd.

Ik lust jullie rauw!

2. Je helm is erg ingedeukt door een grote klap van een tegenstander. Het is zo erg dat je hem na het gevecht niet meer afkrijgt. Wat doe je?

a) Je besluit de helm voor de rest van je leven te dragen.

b) Je gaat op dieet en wacht net zo lang tot je dun genoeg bent om hem af te doen.

Effe stil liggen... dit is zo gepiept.

c) Je vraagt aan een bevriende wapensmid of hij de deuk eruit wil hameren.

Als je op beide vragen c hebt geantwoord, zou je wel eens uit het juiste ridderhout gesneden kunnen zijn. (Want dit zijn de keuzes die twee beroemde ridders – de Blinde Koning van Bohemia en Willem de IJzervreter – maakten toen zij zich in deze lastige situaties bevonden.) Maar er is nog één belangrijk onderdeel van de ridderlijkheid dat je onder de knie zult moeten krijgen.

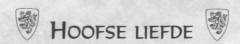

HOOFSE LIEFDE

Er wordt van ridders verwacht dat ze al hun ridderlijke daden opdragen aan een bijzondere adellijke dame. Zo werkt het: eerst kies je een adellijke dame uit, liefst een rijke en belangrijke (als je erg ambitieus bent bijvoorbeeld een koningin). Het maakt niet uit of ze al getrouwd is, en je hoeft haar zelfs nog nooit ontmoet te hebben.

Jij bent het!

Daarna besluit je van jouw adellijke dame te houden, meer dan van wie of wat ook ter wereld, en dat je er alles voor zult doen om die liefde te bewijzen.

Wat een ongelooflijke sukkel is die man!

De rest van je leven besteed je aan het ondernemen van gewaagde huzarenstukjes om haar te laten zien hoeveel je van haar houdt.

Gaaaap!

Jouw dame zal misschien nooit met je praten, of wanneer ze dat wel doet, scheldt ze je misschien wel uit. Dit moet jouw passie voor haar niet in de weg staan, want het laat alleen maar zien hoeveel beter ze is dan jij.

Wat ben je toch een slapjanus!

Ja, ik weet het – wat lief van je om dat te zeggen.

Het duurt wellicht even voordat je de hoofse liefde onder de knie hebt. Daarom nog even een korte vraag:

Stel: jij bent ridder Lancelot, de grootste ridder ooit, en je bent ontzettend verliefd op prinses Guinevere. Je neemt deel aan een toernooi waarbij je tegen andere ridders moet vechten en Guinevere vraagt je opzettelijk te verliezen. Wat doe je?

a) Je probeert haar van gedachte te laten veranderen door op briljante wijze alle andere ridders te verslaan.

b) Je gehoorzaamt haar gedwee en laat je door iedereen van de baan vegen.

c) Je stelt je aan, weigert om mee te doen en gaat in een hoekje staan mokken.

Zoals elke echte ridder zou hebben gedaan, koos
Lancelot b. Hij had Guinevere zo lief dat het hem
uiteindelijk niks uitmaakte dat hij door haar volkomen
voor gek stond.
Dat is nou echte hoofse liefde.

 # WAT VOOR RIDDER BEN JIJ

Voordat je kunt starten met de training, moet je weten
tot welk type ridder je behoort. In de middeleeuwen
(rond 1000-1500 na Chr.) viert de hiërarchie hoogtij.
Niet alle ridders zijn gelijk.
Er zijn drie soorten ridders:

Koning (opperridder, staat
aan het hoofd van een leger)

Landheer (welgestelde
ridder die veel land
bezit en in dienst van
de koning vecht)

Gewone ridder (vecht in
dienst van een landheer)

Boerenbescherming

Boer

Als gewone ridder zul jij dus vechten in het leger van jouw landheer en in ruil hiervoor schenkt hij jou wat van zijn land, om op te wonen. Er leven veel boeren en landarbeiders in de plaatselijke dorpen en steden en een deel van jouw taak als ridder is dat je hen zult beschermen tegen vijandelijke soldaten, plunderende bendes en te enthousiaste huis-aan-huis-verkopers.

Militaire dienst

Nog één ding: er wordt van je verwacht dat je 40 dagen per jaar voor je landheer vecht. Maar boek je vakantie nog maar niet. Als oorlogen langer duren dan men van tevoren dacht (en dat doen ze meestal), dan moet je vechten tot het bittere einde. (Gelukkig word je voor die extra dagen wel betaald.)

Mag ik nu naar huis?

Als dit jou allemaal niet heeft ontmoedigd, wordt het tijd om te beginnen met je training. Succes! En zeg niet dat we je niet hebben gewaarschuwd...

HOOFDSTUK TWEE

DE RIDDERSCHOOL

Een ridder in de dop moet beginnen met trainen als hij 6 à 7 jaar is. Als je al iets ouder bent, probeer er dan gewoon niet al te groot uit te zien. Het begint ermee dat je het huis uitgaat en gaat wonen bij een landheer die al langere tijd een ridder is. Pak je boeltje dus maar snel bij elkaar.

ZO BEGIN JE

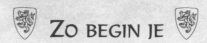

EEN BESCHEIDEN PAGE

Als je niet uit een zeer rijke familie komt, zul je onderaan moeten beginnen, als een page – een dienaar. Je zult zelfs door de andere dienaren worden gecommandeerd. En je zult het kasteel moeten schoonmaken, maaltijden moeten serveren en allerlei werkjes moeten doen die niemand anders wil doen.

En dat moet je een paar jaar volhouden. Het beste wat je kunt doen, is je gedeisd houden en proberen niet in de problemen te komen.

> Ruim je
> dat even op?

EEN SLIMME SCHILDKNAAP

Zodra je een tiener bent geworden, en mits je je landheer niet tegen je in het harnas hebt gejaagd, word je een schildknaap. Nu begint het eindelijk een beetje interessant te worden!

🛡 Je mag op de paarden van je landheer passen.

🛡 Je mag zijn zwaard schoonmaken en poetsen. (Pas wel op voor de scherpe rand.)

🛡 Je moet je landheer helpen met zijn harnas. Door al die verschillende onderdelen en pietepeuterige riempjes kan het wel een uur duren voor hij dat aan heeft.

ECHT VECHTEN

Als schildknaap krijg je eindelijk ook zelf wapens en een wapenuitrusting. Wat je daaraan als eerste zult opmerken, is dat ze veel zwaarder zijn dan je had gedacht...

Dus zorg ervoor dat je tegen die tijd zo sterk als een beer bent. Je zou eens kunnen proberen om rond het kasteel te rennen met een harnas aan. Want pas nadat je je armen en benen gestaald hebt, wordt het tijd voor de echte wapentraining.

Als je geen harnas kunt vinden, gebruik dan gewoon je fantasie.

MAAK EEN KANS MET DE LANS

Als eerste wapen heb je de lans. Hij ziet er misschien uit als een simpele houten paal met een metalen punt aan het uiteinde, maar hij is wel de reden waarom ridders de meest angstaanjagende strijders ter wereld zijn.

Hou het stompe einde onder je rechterarm en druk het stevig tegen je lichaam.

Hou de lans omhoog met je rechterhand en probeer hem in evenwicht te houden.

Je lans heeft een zogenaamde handbeschermer om, juist ja, je hand te beschermen.

Als je dit een beetje onder de knie hebt, moet je het eens op een rijdend paard proberen. Dat is nog niet zo gemakkelijk, aangezien lansen 4 meter lang zijn – meer dan twee keer zo groot als jijzelf – en nogal de neiging hebben om heen en weer te zwiepen.

Het doelwit: de steekpaal

Au!

VAARDPAARDIG, EH...
PAARDVAARDIG

Het heeft weinig zin om een
meester met de lans te zijn als
je je paard niet onder
controle hebt.

Een paar tips:

Spoor

Tijdens het trainen zul je sporen (puntige
stukjes metaal) om je enkels dragen. Deze
druk je in de flanken van je paard om hem
sneller te laten gaan (aan te sporen, dus!),
maar doe dat niet te hard.

Als je je paard wilt laten draaien, moet je de teugels naar
links of rechts trekken.

En als je een noodstop moet maken,
trek je de teugels hard naar achteren.

ZWAARDVECHTEN

Je andere belangrijke wapen is natuurlijk je trouwe zwaard.

Het populairste zwaard is het zogenaamde 'anderhalf-handzwaard'. Ook al hou je meestal het zwaard in je ene hand, en het schild in je andere...

Ha, ik heb anderhalf zwaard!

...het handvat van dit zwaard is toch lang genoeg om het met twee handen te kunnen vasthouden – voor lekkere harde klappen.

HOFFELIJK ZIJN

Behalve dat je leert vechten, is het belangrijk dat je ook de meer fijnzinnige zaken in het leven leert kennen, zoals:

- Elegant dansen.
  (Trek wel de juiste kleding aan.)

 Een dame netjes behandelen.

Eh... sorry.

 Netjes eten. (Je mag je vingers gebruiken, maar spuug niet en laat nooit een boer.)

EEN ECHTE RIDDER

Tegen de tijd dat je twintig jaar bent, ben je een niet te stoppen vechtmachine geworden – maar dan wel een met hele goede manieren. Je bent klaar om een echte ridder te worden. Dit is het belangrijkste moment in het leven van een schildknaap, en voor zonen van rijke en machtige landheren houdt dat in dat zij een nogal bizarre ceremonie moeten ondergaan.

DE VOORBEREIDING

Eerst maken de andere schildknapen een koud bad voor je klaar.

Daarna moet je, gekleed in een mooie tuniek en mantel, een nacht lang geknield in een kerk liggen, biddend dat je maar een goede ridder mag zijn. En je mag niet in slaap vallen.

Zzzzzzz

TOT RIDDER GESLAGEN

De ochtend daarna kniel je voor de persoon die een ridder van je maakt. Dit kan alleen door een andere ridder of de koning gedaan worden.

De ridder neemt jouw zwaard en tikt je daarmee op je schouder. (Probeer hierbij plotselinge bewegingen te vermijden.) Zo word je, zoals dat heet, tot ridder geslagen.

En dan, als hij jou je zwaard heeft teruggegeven, ben je ineens een RIDDER. Het is je gelukt! Geef jezelf maar een schouderklopje.

Hoera!

1, 2, 3... EN KLAAR IS DE RIDDER!

Geestelijken vinden dat alle ridders zo moeten worden ingewijd, omdat ze willen dat iedere ridder voor de kerk vecht. Maar maak je niet druk als jouw vader niet belangrijk genoeg is om jou aan zo'n sjieke ceremonie te laten deelnemen, de meeste schildknapen worden in twee minuten tot ridder geslagen op het slagveld. Dus wees erop voorbereid dat je op elk moment op je knieën moet kunnen vallen.

SPECIALE SPOREN

Nadat je een ridder bent geworden, krijg je een eigen set sporen. Met je zwaard en sporen laat je iedereen zien dat je een ridder bent. Verlies ze dus niet, want zonder hen ben je geen officiële ridder.

Waar heb ik die sporen toch gelaten?

Alle ridders worden met 'heer' aangesproken, dus als jij Konijnenkeutel heet, dan ben je nu heer Konijnenkeutel. Geweldig toch?

JE UITRUSTING

Nu je een ridder bent, heb je veel meer spullen nodig. Je lans en zwaard zijn je belangrijkste wapens, maar er zijn nog genoeg andere. En daar kun je maar beter alles van af weten, want je vijanden zullen ze zeker tegen je gebruiken.

WREDE WAPENS

Een klein, dun zwaard voor man-tegen-man gevechten. Je duwt het gewoon door een opening in het harnas van je vijand. (Au!)

Een gevechtsbijl: sla je vijanden er van dichtbij mee in elkaar, of slinger hem van een afstandje naar ze toe.

Een hellebaard is nuttig als je op de grond staat te vechten. Geef er een flinke zwaai mee wanneer een vijandelijke ridder je aanvalt, en hak hem zo in de pan.

Een goedendag is een houten knots met een stevig metalen uiteinde. Eén keer goed uithalen en je slaat zo door het harnas van je tegenstander.

De morgenster lijkt een beetje op een goedendag, maar is nog veel gevaarlijker. Er zit een puntige ijzeren bal aan het uiteinde. Probeer een knal van dit wapen te vermijden – hij zal door je pantser heen gaan als een mes door de boter en al je botten breken.

Pantsers

Met al die gemene, rondvliegende wapens om je heen kun je wel wat bepantsering gebruiken.

In het begin van de riddertijd droegen ridders een maliënkolder, een pak gemaakt van duizenden kleine metalen ringetjes, de maliën.

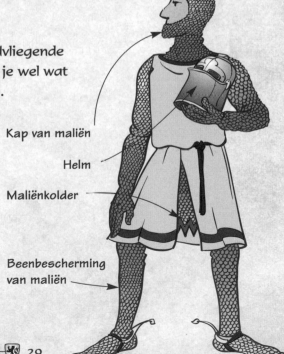

Kap van maliën

Helm

Maliënkolder

Beenbescherming van maliën

Zo'n maliënkolder geeft je wel wat bescherming, maar een goedgemikte pijl veroorzaakt een akelige buikpijn. En al die ringetjes zijn zwaar: het is net alsof je iemand op je rug meedraagt tijdens het vechten.

De laatste mode voor de echt rijke ridder is veel cooler... een harnas van plaatstaal.

Die metalen platen mogen er dan zwaar uitzien, dit pak is toch verrassend soepel. En heel sterk, waardoor je meer kans hebt tegen vervelende boogschutters.

Elke plaat schuift over de andere, om je zo veel mogelijk bescherming te geven.

Dit deel is gemaakt van allemaal kleine losse plaatjes, zodat je je tenen kunt bewegen.

BLIJF COOL

Een waarschuwing vooraf: het kan flink zweterig worden in zo'n harnas. Dus ga er niet als een gek in rondrennen, tenzij het echt noodzakelijk is.

Ik ben het!

FAMILIEWAPEN

Wanneer een ridder een helm draagt, is het moeilijk te zien wie hij is. Dat is nogal vervelend tijdens een gevecht, want dan is het wel handig om te weten wie je vrienden zijn en wie jou in mootjes probeert te hakken.

Wie?

Daarom heb je een familiewapen nodig: een afbeelding of patroon op je schild waaraan men kan zien dat jij het bent. Ridders mogen niet hetzelfde familiewapen hebben als een ander; niet na-apen dus.

Heer, hoe durft u! Dat was mijn idee.

Kijk op pagina 76 voor meer informatie over familiewapens.

RIDDERCLUBS

Het is ook een goed idee om op dit moment lid te worden van een orde. Dat is een groep ridders die met elkaar rondhangen, elkaar beschermen en naar dezelfde feestjes gaan. Het is een gevaarlijke wereld, dus het is belangrijk om niet alleen te zijn.

Iedere orde heeft zijn eigen teken. Je hebt bijvoorbeeld de Orde van de Kouseband, de Orde van het Gulden Vlies en zelfs de Orde van de Olifant.

DE ORDE VAN DE TWEE DASSEN

EEN SCHILDKNAAP VOOR JEZELF

Nu je een ridder bent, krijg je natuurlijk een eigen schildknaap om jouw paarden te verzorgen en je te helpen met het aantrekken van je harnas. Zorg goed voor die jongen.

Deze schildknaap is nogal nerveus – het is zijn eerste dag.

Een paardje naar zijn vaartje

Je bent nu bijna klaar. Je moet alleen nog even langs de stallen gaan om een paar paarden aan te schaffen. Je hebt er minstens drie nodig:

Een strijdros: een enorm groot en krachtig oorlogspaard. Probeer het dier niet te ergeren.

Een rijpaard: deze gaat als de wind, en is dus perfect voor het versturen van boodschappen. Hou hem goed in de gaten.

Lastpaard: niet snel, maar wel super comfortabel. Je kont zal je bedanken voor een rit op een lastpaard.

Lastpaard

Strijdpaard

Rijpaard

HOOFDSTUK DRIE

LAAT HET GEVECHT BEGINNEN!

Dit is het moment waarop
je hebt gewacht: je harnas
lekker vuil maken met een
goed potje vechten. Als je
landheer op dit moment geen
oorlog voert, ga dan naar het buitenland en zoek er een
op. Dit zal niet al te moeilijk zijn; als je maar lang genoeg
zoekt, vindt de oorlog jou vanzelf.

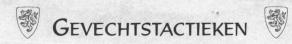

GEVECHTSTACTIEKEN

Je moet op het slagveld goed onthouden dat jij en je mederidders alleen kunnen winnen als jullie samenwerken. De klassieke gevechtstactiek is de aanval te paard en die gaat als volgt...

1. Verzamel een aantal ridders en hef gezamenlijk jullie lansen. Probeer er stoer uit te zien.

GRRRRRRR!

2. Na het aanvalsteken galoppeer je, met je lans stevig naar voren gericht, zo snel mogelijk op de vijand af.

Als alles volgens plan gaat, zullen de meeste van je vijanden gespietst zijn. Van hen zul je geen last meer hebben.

Een vaandeldrager
toont het familiewapen
van de landheer die het
leger aanvoert.

Ridders vallen
in kleine
groepjes aan.

OP HET SLAGVELD

Jij, als aanvallende ridder te paard, bent de meest angstaanjagende persoon op het slagveld. Ook al zijn de vijandige voetsoldaten zwaar in de meerderheid, als je op de juiste manier aanvalt, zou de overwinning in een oogwenk binnen moeten zijn.

Kijk uit dat je niet van je leger wordt afgesneden.

Voetsoldaten geven je een stekelig welkom door hun spiesen recht voor zich uit te houden.

TACTIEKEN VAN DE VIJAND

Bij een perfecte veldslag is het van pats, boem en je hebt gewonnen. Maar de laatste tijd hebben voetsoldaten een paar vervelende trucjes bedacht om je af te stoppen. Hier volgen de gemeenste.

GEVAARLIJKE GATEN

Als jij op volle snelheid, met je lans op iemands hoofd gericht, aanvalt, dan is het laatste wat je wilt dat je paard struikelt. Je tegenstanders weten dit natuurlijk en graven daarom een heleboel gaten op het slagveld.

STEKENDE STAKEN

Dit is een nog gemenere truc. Scherpe houten staken worden in de grond gedrukt en in jouw richting gedraaid, zodat je je vijanden niet kunt aanvallen. (Nou ja, het kan wel, maar het is tamelijk onaangenaam en pijnlijk.)

DOORBORENDE BOOGSCHIETERS

Dit zijn jouw dodelijkste vijanden:
laffe figuren aan wie je heel snel de
pest zult hebben. Ze blijven achter de
linies – met je lans kom je er niet bij –
en schieten tientallen suizende pijlen op je
af. De brutaliteit! Professionele boogschutters
kunnen wel twintig pijlen per minuut
afschieten.

LOSGELD

Als je zo stompzinnig bent
om in handen van de vijand
te vallen, raak dan niet in
paniek. Je vijanden zullen je
niet zo snel afmaken, want ze
kunnen veel geld verdienen
door jou terug te verkopen
aan je eigen landheer. (Maar
alleen als je rijk bent;
straatarme soldaten maken
geen schijn van kans.)

PLUNDERINGEN

Veldslagen bieden misschien de meeste actie, maar toch worden de meeste oorlogen niet op het slagveld gewonnen of verloren. De beste manier om vijanden te verslaan, is door sluwe verrassingsaanvallen uit te voeren op hun steden en dorpen. Zo put je een vijand totaal uit.

Dit is het idee: je sluipt er stilletjes naartoe...

...steekt zoveel mogelijk huizen in brand...

...steelt alles wat je stelen kunt...

...en gaat ervandoor voordat de vijand iets in de gaten heeft.

Eh... neem me niet kwalijk.

En je mag iedereen die je in de weg staat, vermoorden! O, behalve geestelijken dan; die niet.

Steek ten slotte op de terugweg ook nog de oogst van je vijand in de fik. Een leger dat honger heeft, is een stuk makkelijker te verslaan.

Op het laatst zijn je vijanden zo hongerig en in de war, dat ze zich vanzelf zullen overgeven.

Een landheer met gezond verstand zorgt ervoor dat hij zich tijdens zulke plunderingen in een groot kasteel kan terugtrekken. Misschien denk je dat er dan niets anders opzit dan een potje tegen hem te schelden en dan naar huis te gaan, omdat je dat kasteel toch nooit zal kunnen veroveren. Maar weet je wat: je hebt het mis...

Jullie krijgen me toch nooit!

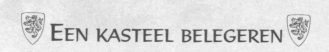

Een kasteel belegeren

Er zijn allerlei manieren om een kasteel te belegeren en aan te vallen. Hier volgen een paar toptips:

EVENHOGE: Rol deze belegeringstoren tot vlak bij de kasteelmuur, en klim naar binnen.

STORMRAM:
Grote boomstam onder een houten afdak. Beweeg de boomstam naar achteren en naar voren om de kasteeldeuren kapot te beuken.

STORMLADDER: Klim naar boven en naar binnen, maar pas op voor de boogschutters van de vijand.

LAGE LISTIGHEID: Glip stiekem naar binnen door de afvoerpijp van de wc – bah!

BLIJDE: Gigantische katapult die rotsblokken meer dan 300 meter weg kan slingeren. En als je echt in een rotbui bent, slinger je dode dieren het kasteel in, om zo ziektes te verspreiden.

LAAT HET KASTEEL INSTORTEN: Graaf een tunnel en stook er een vuur in. De tunnel stort in (en hopelijk het kasteel ook).

HONGER ZE UIT

Als je geen zin hebt om een kasteel aan te vallen, is er altijd nog de oudste truc uit het boek: helemaal niks doen. Je omsingelt het kasteel, speelt een beetje verstoppertje en wacht net zo lang tot het leger in het kasteel geen eten meer heeft. En als je je snel verveelt, kun je de watervoorraad van het kasteel vergiftigen en zo de overwinning wat bespoedigen.

TERUGVECHTEN

Natuurlijk is de kans dat je zelf een kasteel moet verdedigen net zo groot. Je zult het daarom wel fijn vinden om te horen dat er meer dan genoeg manieren zijn om de vijand tegen te houden.

DINGEN GOOIEN

Pijlen   Kokend water   Heel heet zand

Drastische maatregelen

Een effectieve manier van verdedigen is het gooien van van alles en nog wat naar de barbaarse figuren beneden. In kasteelmuren zijn hiervoor handige openingen uitgespaard.

VUREN EN GREPPELS

Duw de belegeringstorens weg met lange stokken en bestook ze met brandende pijlen. Binnen de kortste keren staan ze in lichterlaaie. Je kunt ook 's nachts naar buiten glippen en greppels naast het kasteel graven, om op die manier de torens te laten omvallen.

DE BOTTENKRAKENDE KRAAI

Een ander populair verdedigingswapen is de 'kraai': een lange paal met een haak eraan. Laat deze gigantische vishengel langs de kasteelmuur naar beneden zakken...

...sla een vijand naar keuze aan de haak en til hem hoog de lucht in...

...en laat hem dan keihard tegen de grond smakken. Zo, weer een minder!

DE WATERTEST

Als je wilt weten of de vijand tunnels onder je kasteel aan het graven is, plaats je op verschillende plekken bakken met water. Als het water rimpelt, dan weet je dat een of andere schurk daar beneden bezig is. Glip gewoon de tunnel in en vul hem weer op. Of beter nog: graaf je eigen tunnel in de richting van die van de vijand, breek erdoorheen en sla de tunnelgravers bont en blauw.

KRANKZINNIGE KRUISTOCHTEN

Een populaire manier om in een goed gevecht verzeild te raken, is meedoen aan een kruistocht. Een kruistocht is een megagrote aanval op de niet-christelijke bewoners van een vreemd land. (Geestelijken vinden het doden van een christen een misdaad, maar het uitmoorden van een volk dat in een andere god gelooft, vinden ze helemaal niet erg.)

Ga maar gauw, jongens!

Officieel was het de bedoeling van kruistochten om christenen in het Midden-Oosten te beschermen en an- dere mensen tot het christendom te bekeren. Maar in de praktijk kwam het erop neer dat de meeste kruistochten alleen een excuus waren om rijk en beroemd te worden.

Naar het Oosten

De grootste kruistochten gingen richting het Heilige Land in het Midden-Oosten. Daar werd geprobeerd de stad Jeruzalem te heroveren op de Islamitische heersers. Maar Jeruzalem is voor moslims ook een heilige stad, dus die waren niet van plan dat zomaar toe te laten.

Naar
Turkije

HET
HEILIGE
LAND

Middellandse
Zee

Jeruzalem

Afrika, hier naar
beneden

De Islamitische legers hebben supergoede boogschutters te paard.

Gezellig gezelschap

Tijdens een kruistocht rijd je niet alleen samen met andere ridders. Duizenden landarbeiders, inclusief vrouwen en kinderen, reizen mee op zoek naar rijkdom, land en hemelse zaligheid.

Heilige ridders

Mocht je in het Heilige Land in een vervelende situatie terechtkomen, dan is er altijd nog een geheimzinnige club ridders die jou op het nippertje zou kunnen redden: de Tempeliers. Dit zijn vechtende monniken uit Europa, die een ridderorde hebben gevormd om christenen te beschermen.

Rustig maar, hier zijn we!

Ook een Tempelier worden?

Misschien lijkt het je wat om je bij de Tempeliers aan te sluiten. Bedenk dan wel dat je je aan een heleboel heilige beloftes moet houden. Achter de vrouwen aanzitten en gokken, zoals elke andere ridder doet, is er dus niet bij.

Ondanks dat de Tempeliers de belofte doen dat ze een sober leven zullen leiden, zijn ze zo rijk als koningen. Ze hebben zelfs moderne bedrijven opgericht, banken genaamd – maar Joost mag weten of die ooit een succes zullen worden.

HELPENDE HOSPITAALRIDDERS

Een andere grote religieuze orde in het Oosten is de
Johannieterorde. Zij verzorgen zieke christenen in de
hospitalen (ziekenhuizen) die ze daar hebben gebouwd.

Je zou denken dat de Johannieters
en de Tempeliers de beste vrienden
zijn, maar dat is dus niet zo. Ze
haten elkaar. Als twee ridders op
straat met elkaar op de vuist gaan,
is de kans groot dat de een
een Tempelier is en de ander
een Johannieter.

KRUISTOCHTKASTELEN

De Tempeliers en
Johannieters hebben
gigantische kastelen
gebouwd in het Heilige
Land. Als je op de
vlucht bent en wordt
achtervolgd door een paar
honderd boze vijanden, ga dan
naar een van deze kastelen.

HOOFDSTUK VIER

EEN HUIS VOOR DE RIDDER

Nadat je in een aantal oorlogen hebt gevochten en veel geld hebt verdiend, wordt het tijd om je te vestigen in een eigen kasteel, waar je lekker op je gemak je blauwe plekken kunt bewonderen. Misschien ben je zo gelukkig dat je er een erft, maar veel waarschijnlijker is het dat je er een moet kopen, of stelen.

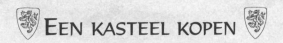

EEN KASTEEL KOPEN

Voor de rijke starter zijn er verschillende huizen verkrijgbaar...

BIJZONDER MOOIE BURCHTHEUVEL MET BINNENPLEIN

Deze charmante woning is een voorbeeld van het allereerste type kasteel: een ouderwetse houten toren op een heuveltop (de burchtheuvel) met daaronder een omheind binnenplein. Als een vijandig leger of je gekke oom Hendrik ineens voor de deur staat, vliegt iedereen de heuvel op en verbergt zich in de toren.

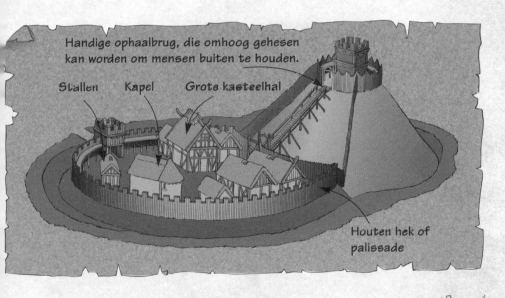

Handige ophaalbrug, die omhoog gehesen kan worden om mensen buiten te houden.

Stallen   Kapel   Grote kasteelhal

Houten hek of palissade

Er is één minpuntje: het is helemaal van hout. Als iemand brand veroorzaakt, zal dit huis sneller afbranden dan jij 'Pas op voor die kandelaar' kunt zeggen.

STEVIGE VIERKANTE TOREN (DE DONJON OF SLOTTOREN)

Dit modernere kasteel biedt veel meer veiligheid. De muren zijn gemaakt van steen, waardoor er minder kans is op brand en het voor tegenstanders moeilijker is om binnen te stormen. De brede, met water gevulde greppel eromheen, de slotgracht, zorgt voor extra bescherming.

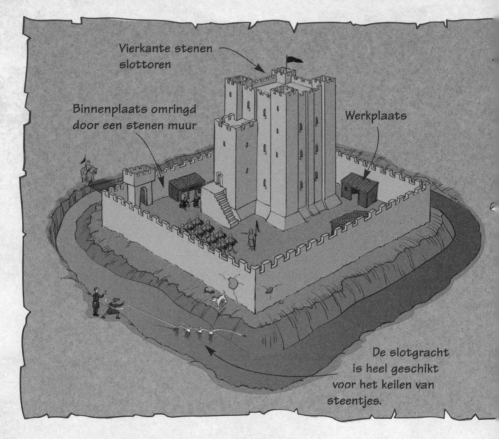

Vierkante stenen slottoren

Binnenplaats omringd door een stenen muur

Werkplaats

De slotgracht is heel geschikt voor het keilen van steentjes.

Deze woning is duurder dan de burchtheuvel met binnenplein, maar je zult tussen al die stenen muren aanmerkelijk rustiger slapen.

SLIMME CONCENTRISCHE BURCHT

Dit is het nieuwste van het nieuwste in kasteeldesign. Er is geen centrale toren, maar die is ook niet nodig: indringers worden buitengehouden door een aantal opeenvolgende muren.

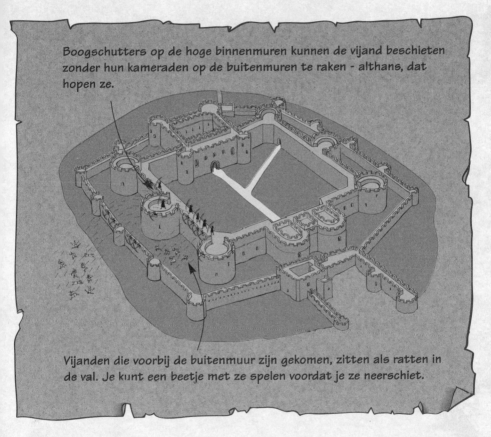

Boogschutters op de hoge binnenmuren kunnen de vijand beschieten zonder hun kameraden op de buitenmuren te raken - althans, dat hopen ze.

Vijanden die voorbij de buitenmuur zijn gekomen, zitten als ratten in de val. Je kunt een beetje met ze spelen voordat je ze neerschiet.

Dit kasteel kost je een fortuin, maar het is zo veilig dat je er een ondoordringbaarheids-garantie van een jaar op krijgt. Als je graag wilt dat je buren stoppen met die onverwachte 'ik hak je kop eraf'-bezoekjes, dan is dit het allerbeste wat je kunt kopen.

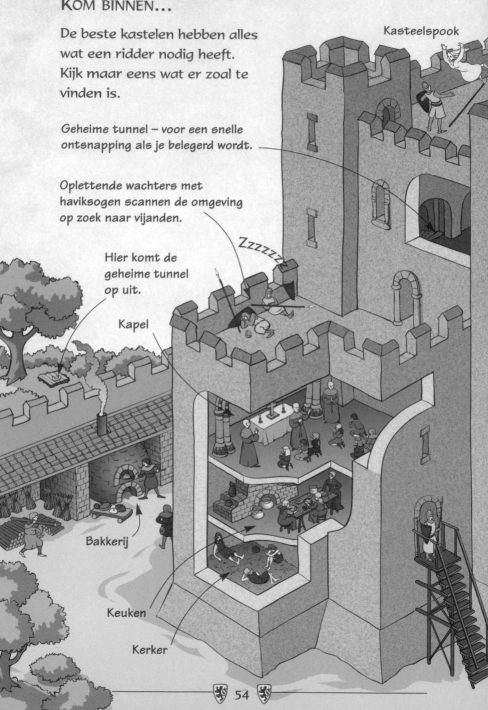

KOM BINNEN...

De beste kastelen hebben alles
wat een ridder nodig heeft.
Kijk maar eens wat er zoal te
vinden is.

Kasteelspook

Geheime tunnel – voor een snelle
ontsnapping als je belegerd wordt.

Oplettende wachters met
haviksogen scannen de omgeving
op zoek naar vijanden.

Hier komt de
geheime tunnel
op uit.

Zzzzzzz

Kapel

Bakkerij

Keuken

Kerker

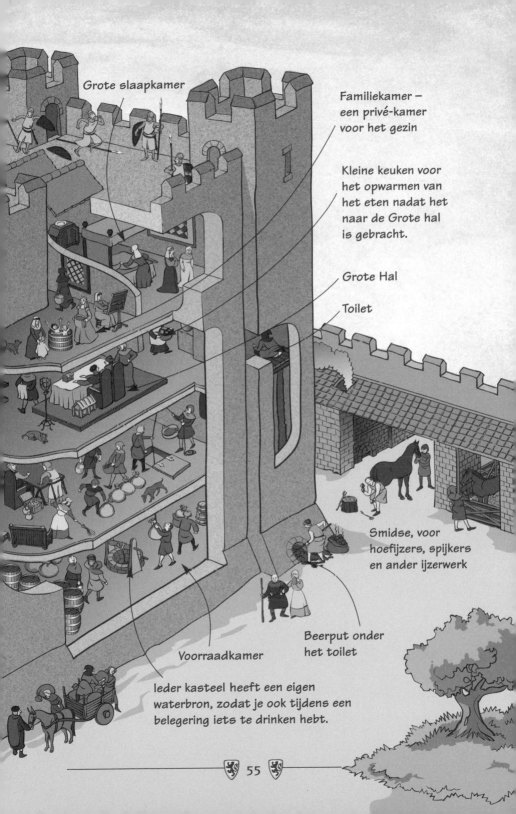

Grote slaapkamer

Familiekamer –
een privé-kamer
voor het gezin

Kleine keuken voor
het opwarmen van
het eten nadat het
naar de Grote hal
is gebracht.

Grote Hal

Toilet

Smidse, voor
hoefijzers, spijkers
en ander ijzerwerk

Voorraadkamer

Beerput onder
het toilet

Ieder kasteel heeft een eigen
waterbron, zodat je ook tijdens een
belegering iets te drinken hebt.

HET KASTEELLEVEN

Welk kasteel je ook kiest, je moet je sowieso voorbereiden op een paar ongemakken. Het leven hier is zelfs voor de rijkste ridder niet bepaald luxueus.

KASTEELGEKRAKEEL

Gure wind. Neem warme kleding mee als je in je kasteel gaat wonen. Met gaten in de muren in plaats van ramen, wordt het er soms erg winderig.

Hmmm, misschien ga ik toch maar niet zwemmen...

Toiletterreur. Het enige toilet is een gat. Alles wat daarin verdwijnt, suist door een koker de slotgracht in.

Bevroren eten. Vanwege de grote kans op brand bevindt de keuken zich niet dicht bij de kamers waar jij woont en eet. Een minpunt hiervan is dat het eten genoeg tijd heeft om af te koelen tijdens de route naar jouw tafel.

'COOLE' KASTELEN

Maar het is niet allemaal hel en verdoemenis; er zijn ook een hoop leuke dingen, zoals:

🛡 Je persoonlijke nar! Het is zijn taak om je te vermaken en te laten lachen.

Hoe vang je een eekhoorn? Je gaat in een boom zitten en doet een eikel na.

Je bent ontslagen.

🛡 Een spookachtige kerker voor gevangengenomen vijanden. Luxe kastelen hebben zelfs een 'oubliette'. Dat is een kerker in de vorm van een soort put waar mensen in gegooid worden en door iedereen worden vergeten. ('Oublier' betekent 'vergeten' in het Frans.)

AAAARGH!

🛡 Een voorproever. Deze gelukkige man mag aan jouw voedsel knabbelen voordat jijzelf gaat eten, om te kijken of het goed smaakt – en of het niet vergiftigd is.

FANTASTISCHE FEESTMAALTIJDEN

Elke landheer houdt ervan om een goed feest in zijn kasteel te geven. Daarbij gaat het niet alleen om eten; het is ook een manier om je rijkdom te tonen en mensen te laten weten wat je precies van hen vindt. De plek waar de gasten komen te zitten, laat namelijk zien hoe belangrijk ze voor je zijn.

De landheer en zijn vrouw zitten in het midden van deze hoge tafel.

De belangrijkste gasten zitten bij de landheer aan tafel.

De andere belangrijke mensen

KASTEELCAPRIOLEN

Tussen de verschillende oorlogen door kun je op een aantal manieren de tijd doden, bijvoorbeeld met kaartspelen, bordspelen, schaken en dobbelen. Een andere favoriete ridderhobby is het molenspel, een uitgebreidere versie van boter, kaas en eieren.

Je zou ook eens een potje jagen kunnen proberen. Jagen is verreweg de populairste hobby van ridders. (Bij dieren is het daarentegen een stuk minder populair.) Jouw kok zal alles wat je afschiet, klaarmaken in de keuken (behalve een rat). Maar naast het feit dat ze zo zorgen voor eten, jagen ridders vooral voor de lol.

De minder belangrijke (maar nog steeds een beetje belangrijke) mensen

Muzikanten vermaken de gasten vanaf een tribune.

Het laagste van het laagste

Hoofdstuk vijf

Toernooien en uitdagingen

Tussen de gevechten door moet je jezelf in vorm houden door middel van toernooien. Zo'n toernooi wordt op een groot veld gehouden, met heel veel ridders die elkaar bestrijden. Het is de bedoeling dat zo'n gevecht vriendschappelijk is, maar dat lukt niet altijd. Als een ridder het op zijn heupen krijgt, kan hij zomaar met een dode ridder aan zijn lans eindigen. Dus hou je een beetje in.

Toernooien zijn ook goed voor het verwerven van roem. Er zijn genoeg toeschouwers aanwezig – op een veilige afstand van het veld – en dit is je grote kans om te laten zien wat een geweldig goede strijder je eigenlijk bent.

Wat een lekker ding!

 ## SMERIGE SCHERMUTSELINGEN

Het eenvoudigste spel tijdens een toernooi is de schermutseling. Misschien is spel niet het juiste woord, want eigenlijk is het gewoon een gevecht, een wild en bloedig gevecht zelfs. De ridders die meedoen verdelen zich in twee groepen, elk aangevoerd door een landheer. De twee groepen slaan elkaar daarna helemaal in elkaar.

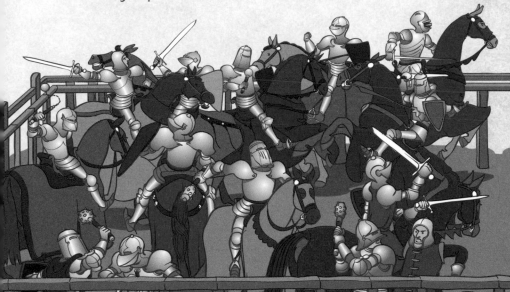

Het doel van dit 'spel' is, behalve het breken van botten, zoveel mogelijk ridders van het andere team gevangen te nemen. Daarna dwing je je gevangenen om losgeld te betalen. Als ze dat niet kunnen betalen, neem je ze hun paarden en harnassen af.

REGELS?

Er zijn eigenlijk geen regels.

Je mag alle soorten wapens gebruiken…

…je mag met zijn allen één ridder van het andere team omsingelen…

…je mag zelfs gekke bekken trekken en daarna je tegenstander, terwijl die nog staat na te lachen, volledig in de pan hakken.

Het enige wat je niet mag doen, is een andere ridder vermoorden. Het kan gebeuren dat je per ongeluk toch iemand doodt, maar er is niemand die daar een groot probleem van maakt.

Eh… sorry, foutje…

Een veilige zone. Als je in de problemen zit, spring dan in een van deze zones. Je mag pas weer aangevallen worden als je naar buiten stapt.

Suffe schermutselingen

Die vredelievende geestelijken proberen steeds maar weer alle schermutselingen te verbieden. En er zijn ook ridders die liever met een houten zwaard vechten, om op die manier sterfgevallen en verminkingen tot een minimum te beperken. Maar als je goed zoekt, kun je altijd nog ergens aan een fijne ouderwetse knokpartij meedoen, met echte wapens en lekker veel bloed.

HET UITSTEKENDE STEEKSPEL

Het belangrijkste gedeelte van een toernooi is het steekspel: een gevaarlijk en dramatisch gevecht tussen twee ridders. Iedereen kijkt hiernaar, dus zorg ervoor dat je niet op je bek gaat.

Probeer tijdens een steekspel op te vallen, bijvoorbeeld door een aparte helm te dragen.

Tijdens de eerste steekspelen zaten ridders met een lans in de hand op hun paarden en galoppeerden ze naar elkaar toe. Het was dan de bedoeling de ander van zijn paard te stoten.

Hé, niemand heeft gezegd dat hij ook een lans zou hebben!

Maar vanwege alle ingeslagen schedels en gebroken
benen is er tegenwoordig een (iets) veiliger versie…

VEILIGHEID VOOR ALLES

De ridders worden uit elkaar gehouden door een
afscheiding, het zogenaamde schot. Je staat allebei aan
een andere kant van het schot, zodat je niet frontaal
tegen elkaar aanbotst wanneer je naar elkaar toe rijdt.
Het doel van het spel is niet het omver stoten van de
tegenstander, maar het breken van de top van je lans als
je je tegenstander raakt. Als je dit voor elkaar krijgt, laat
je zien dat je je tegenstander op de
juiste manier geraakt hebt.

Ik doe het allemaal
voor jou, Griselda
mijn liefste!

Je gebruikt een lans
met een stomp einde,
zodat je elkaar niet
per ongeluk kunt
doorboren.

Je kunt
tijdens het steek-
spel een sjaal of sluier
van een dame dragen, zodat je
haar kunt laten zien hoeveel je
van haar houdt.

Man tegen man

Als je tijdens een steekspel verslagen bent, kun je van je paard afspringen en je tegenstander te voet aanvallen. Hier geldt wel een waarschuwing: voor het gevecht begint, spreek je met je tegenstander het exacte aantal slagen af, dat jij hem, en hij jou, mag toebrengen. Jij geeft hem een oplawaai terwijl hij verdedigt, en daarna mag hij op zijn beurt jou een klap verkopen.

Hier dus geen paard waarop je kunt ontsnappen – gewoon jij in je eentje tegen die andere ridder.

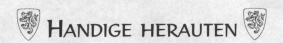

HANDIGE HERAUTEN

Bij een groot toernooi verschijnen er honderden ridders zoals jij, ieder met zijn eigen familiewapen. Om de toeschouwers te helpen het toernooi goed te volgen, worden er handige mannen ingezet, herauten genaamd.

Door jaren oefenen kennen herauten elk familiewapen uit hun hoofd. Zij kondigen de namen van alle deelnemende ridders aan en zijn tijdens het toernooi ook de scheidsrechters.

Nog maar 5.048 namen te gaan. Eitje!

HERAUTEN TE HUUR

Als je het kunt betalen, huur dan een privé-heraut in. Voor elk gevecht zal hij iedereen blijven doorzagen over hoeveel gevechten je wel niet gewonnen hebt en hoe geweldig goed je met een lans bent. (Dit is weliswaar prachtig, maar zorgt ook voor extra druk. Iedereen zal zich slap lachen als je na dertig seconden van je paard af valt.)

Ik breng u de onsterfelijke, de onoverwinnelijke HEER BLIKSEMFLITS!

EEN TOERNOOI IN VOLLE GANG

De gastheer van het
toernooi en zijn familie
zitten op de beste
plekken.

Beker voor
de winnaar

De steekspelkampioen
paradeert wat heen
en weer.

Deze verslagen ridder heeft
zijn paard, zwaard en sporen
verloren.

Een heraut leest de namen van de volgende deelnemers op.

Deze ridders houden van dezelfde adellijke dame en kibbelen met elkaar over wie haar sjaal mag dragen.

Een gewonde ridder wordt weggedragen.

Bezoekende ridders verblijven in deze tenten.

Pas op voor zakkenrollers.

HERAUTEN IN GEVAAR

Bij veldslagen kom je ook
herauten tegen. Voordat een
ridder ten strijde trekt, kan hij
zijn laatste wensen aan een
heraut vertellen.

> Als ik niet terugkom,
> wil ik graag dat jij
> voor Snuffie zorgt.

Tijdens een veldslag
schrijven herauten de
namen op van die ridders
die zich als een lafaard
gedragen. (Alsof vechten
voor je leven nog niet
genoeg is, krijg je ook nog
eens een cijfer voor je
vechtersmentaliteit.)

> Ach gut,
> heer Bibberkont
> huilt alweer...

Herauten hebben nog een
akelige taak. Als het gevecht
voorbij is, lopen zij over het
slagveld en noteren alle dode
ridders – of de lichaamsdelen
van dode ridders – die ze
tegenkomen.

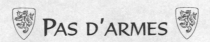

Is het je niet gelukt om je naam te vestigen op een toernooi? Probeer dan een scène uit een oud heldenverhaal na te spelen, met jou in de hoofdrol natuurlijk. Dit is een zogenaamde 'pas d'armes' (spreek uit: 'pa-darm'). Misschien klinkt dit allemaal nogal theatraal – het vechten daarentegen is zeer echt.

Je kunt bijvoorbeeld je zwaard pakken en onder een grote eikenboom gaan staan. Vervolgens laat je iedereen weten dat je daar een jaar zult blijven en iedereen zult bevechten die daar zin in heeft.

Toen ik 'iedereen' zei, bedoelde ik niet...

Dit is de ridderlijke manier om te zeggen: 'Kom maar op, als je denkt dat je me aankunt.' En het bewijst dat jij net zo heldhaftig bent als die legendarische ridders uit het verleden. (Tenzij je tot moes wordt geslagen door een passerend oud vrouwtje, natuurlijk.)

Hoofdstuk zes

Roemrijke ridders

O m je nog verder te inspireren, worden hier een paar van de beroemdste ridders aller tijden beschreven. Misschien komt er ooit een dag dat jij je bij dit bijzondere rijtje mag voegen. (Waarschijnlijk hebben de eerste drie ridders trouwens nooit bestaan, maar er zijn zo veel ridders die zich door de verhalen over hen hebben laten inspireren, dat de meeste mensen denken dat ze wel echt hebben geleefd.)

LEGENDARISCHE RIDDERS

Koning Arthur: De meest legendarische ridder van allemaal, hét voorbeeld voor een echte ridder. Niemand weet precies wanneer hij leefde en waar, maar volgens de overlevering woonde hij op een plek die Camelot werd genoemd, en was hij de leider van een ridderorde die bijeenkwam rondom een ronde tafel. Deze Ridders van de Ronde Tafel waren hun hele leven bezig met het fanatiek zoeken naar de Heilige Graal, een heilige beker waaruit Jezus Christus zou hebben gedronken tijdens het Laatste Avondmaal.

Ridder Lancelot: De moedigste en slimste ridder uit de Orde van de Ronde Tafel. Lancelot was een van de krijgshaftigste helden aller tijden. Het verhaal gaat dat hij eens, om een koningin te redden, over een brug is gekropen die gemaakt was van een gigantisch vlijmscherp zwaard – niet slecht, hè?

Ridder Galahad: Lancelots zoon, Galahad, was de meest volmaakte, zuivere en hoffelijke ridder van allemaal. Galahad was degene die de Heilige Graal uiteindelijk vond – en ook weer verloor. Sufferd!

Rodrigo de Vivar (El Cid): Een legendarische Spaanse ridder die tijdens de kruistochten in Spanje vocht – zowel voor de moslims als voor de christenen. Het maakte niet uit aan welke kant hij vocht, hij won altijd. En toen hij in 1099 stierf, had hij nog nooit een gevecht verloren. De andere ridders gaven hem de bijnaam El Cid: de Heer.

William Marshal: Een van de allerbeste ridders ooit. Hij was een absolute ster tijdens toernooien. Maar let op, hij was niet vies van gemene trucjes.

Een van zijn favoriete listen hield in dat hij het paard van zijn tegenstander bij het hoofdstel greep en er vervolgens vandoor galoppeerde, zijn arme vijand te paard achter zich aan sleurend. Voordat hij zijn verbaasde gevangene weer liet gaan, dwong de sluwe William hem om een enorme hoeveelheid losgeld te betalen. Sommige mensen houden er vreemde ideeën over ridderlijkheid op na...

Prins Edward (de Zwarte Prins): Hij was een Engelse ridder en een verbazing-wekkend goede veldheer tijdens gevechten. Hij won bijvoorbeeld de Slag bij Poitiers, ondanks het feit dat de vijand twee keer zoveel manschappen had als hijzelf.

Marshal Boucicaut: Deze Franse ridder was op zijn zestiende al een gevaarlijke strijder. Hij was zo soepel, dat hij met harnas en al op zijn paard kon springen. Hij

zei ooit een keer tegen de wachters in zijn leger dat hij hun oren zou afsnijden als zij de andere ridders in paniek zouden brengen door hen te waarschuwen dat de vijand dichtbij was. (Zijn leger liep in de val en werd afgeslacht.)

JOUW EIGEN FAMILIEWAPEN

Als je de behoefte hebt om je eigen familiewapen te ontwerpen, kun je hier nog een aantal ideeën opdoen. Maar vergeet niet om daarvoor eerst toestemming van de koning te vragen; zijn heraut ontwerpt namelijk over het algemeen de familiewapens. Als eerste moet je een stijl kiezen. De verschillende basisontwerpen, ook wel 'stukken' genoemd, zie je hieronder:

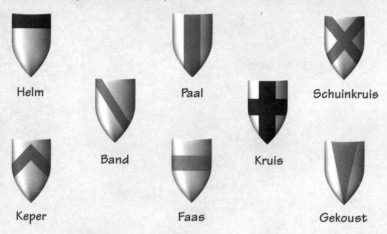

Helm   Paal   Schuinkruis

Band   Kruis

Keper   Faas   Gekoust

Daarnaast zijn er 'verdelingen':

Doorgesneden   Gedeeld   Geschuind

Gekwartilleerd   Gekeperd

En hier wordt het pas echt funky:

Gepaald

Golvende faas

Geruit

Gebalkt

Golvende paal

Dubbel
geschuind

Geschaakt

Gegeerd

Ook kun je een figuur op je schild plaatsen. Dieren, monsters, vissen, wapens, bloemen – je komt ze allemaal tegen in familiewapens. De volgende figuren vind je misschien wel de moeite waard:

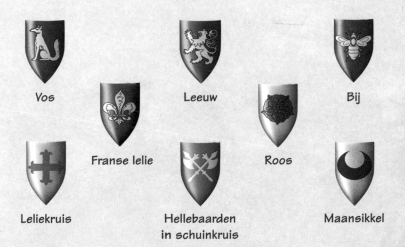

Vos

Leeuw

Bij

Franse lelie

Roos

Leliekruis

Hellebaarden
in schuinkruis

Maansikkel

Veel ridders dragen een schild dat hun naam verraadt. Dus als je heer Goudappel heet, zou je schild er zo uit kunnen zien:

En heer Adelaar zou dit misschien wel leuk vinden:

En als je Van Onderen heet, dan, eh... nou ja, je snapt het wel.

REGISTER